WENN SIE MIR VORAB ETWAS ÜBER IHRE TRINKGELDGEWOHNHEITEN VERRATEN WÜRDEN, KÖNNTE ICH MEINEN SERVICE DARAUF EINSTELLEN ...

Uli Stein

Und? Lecker, dein Tintenfisch?

Lappan

Uli Stein, 1946 geboren, ist der erfolgreichste und bekannteste Cartoonist Deutschlands. Nach dem Abi studierte er Pädagogik, entschied sich aber kurz vor dem Staatsexamen gegen eine Beamtenlaufbahn und begann zu fotografieren und zu schreiben.
Seine Nonsens- und Satirentexte bescherten ihm eine eigene Sendung beim Saarländischen Rundfunk, bevor er eher nebenbei entdeckte, dass er die Pointen seiner komischen Einfälle mit dem Zeichenstift schneller auf den Punkt bringen konnte als mit vielen Worten.
So entstanden seine ersten Cartoons, deren Figuren im Laufe der Jahre zu den unverwechselbaren Charakteren wurden, die heute Millionen Menschen kennen und lieben. Seine Cartoons erschienen zuerst in Zeitungen und Zeitschriften, danach in Büchern und auf zahlreichen Produkten. Allein im deutschsprachigen Raum sind mehr als neun Millionen Cartoonbücher von Uli Stein verkauft worden.
Viele der Bücher, die nicht selten in den Bestsellerlisten zu finden sind, sind in andere Sprachen bis hin nach China und Korea übersetzt worden.
Uli Stein lebt und arbeitet in der Nähe von Hannover.

www.lappan.de, E-Mail: Info@lappan.de
Printed in Belgium, ISBN 978-3-8303-6147-3

Postfach 101969 · D-30840 Langenhagen
Fax: 0511/72616-47, www.catprint.de
Neue Homepage: www.ulistein.de

GASTWIRTSCHAFT
HERR OBER, HIER IST EIN H IN MEINER SUPPE!

BRINGEN SIE MIR ZUERST EINMAL EINE FLASCHE WEISSWEIN ...
BÖSES OMEN! GANZ BÖSES OMEN!
KÜCHE
Täglich: Frische Forellen

* Alle Pilzgerichte sind im Voraus zu bezahlen
HAST DU EINE AHNUNG, WAS DIE STERNCHEN HINTER MANCHEN GERICHTEN BEDEUTEN?

SIE HABEN FÜR ACHT UHR EINEN TISCH BESTELLT – VON STÜHLEN HABEN SIE NICHTS GESAGT ...

PIZZA
EINMAL TORTELLINI FÜR MEINEN MACKER!
EINMAL MAKKARONI FÜR MEINE TORTE!

UND MORGEN??
AUCH FISCH-MÄC!
Heute: Fisch-Mäc

IRGENDWAS NICHT IN ORDNUNG MIT DEM HAUSSALAT?

MÖCHTEN SIE DEN WEIN GLEICH AUSSUCHEN ODER WOLLEN SIE SICH LIEBER SPÄTER BLAMIEREN?

DAS SIND KEINE ESSENSRESTE AN IHREM TELLER – DAS IST IHRE BESTELLUNG!

BIBER-HOT-DOGS
FICHTE, BITTE! UND NUR BUCHENSPÄNE DRÜBER, KEIN SÄGEMEHL ...

HABEN WIR NOCH EINEN TISCH FÜR VIER PERSONEN?

NATÜRLICH HABE ICH DAS SCHILD „WIR BITTEN, AUF IHRE GARDEROBE SELBER ZU ACHTEN!" AUCH GELESEN, ABER DAS HÄNGT NUN MAL IN ALLEN RESTAURANTS ...

DER CHARDONNAY ZU WARM?
NICHT MEHR ...

WEINSTUBE

IMMER NOCH ZU WENIG EIS
ODER WAS NUN NOCH?

STEAK HAUS
KÖNNEN SIE MIR DAS FÜR MEINEN HUND EINPACKEN?

VEGETARISCHES REST
KÖNNEN SIE MIR DAS FÜR MEINEN HASEN EINPACKEN?

DAS VOLLE VIER-GÄNGE-MENÜ?
CHEZ SOURIS
OH JA, BITTE!

VIELLEICHT HÄTTEN WIR DEN WEIN DOCH NICHT IN DER LANDESSPRACHE BESTELLEN SOLLEN ...

ES MACHT KEINEN SPASS MIT DIR, IN EINE SUSHIBAR ZU GEHEN!
MENU

ER
KANN GAR NICHT
NACH KORK SCHMECKEN –
DIE FLASCHE HAT EINEN
SCHRAUBVERSCHLUSS!

WIE OFT
HAB ICH DIR NUN
SCHON GESAGT, MAN WÜRGT
EINE BRATWURST LÄNGS
RUNTER?!?

8:00-10:00
FRÜHSTÜCK
HABEN SIE NICHT NOCH IRGENDWAS ANDERES AUSSER RÜHREI MIT SPECK?

VEGETARISCHES RESTAURANT
ICH WEISS, DASS ES EIN BISSCHEN LÄNGER GEDAUERT HAT ALS ÜBLICH, ABER DAS IST KEINE ANTWORT AUF MEINE FRAGE: „WO SIND DIE TISCHBLUMEN GEBLIEBEN?"

EINEN DOPPELTEN BRANDY ...
AUF NÜCHTERNEN MAGEN?
MEINE FRAU HAT RECHT! BRINGEN SIE ERST MAL EINE FLASCHE ROTWEIN!

WENN SIE MÖCHTEN, SCHIEBEN WIR SIE NOCH MAL IN DEN OFEN ...

PIZZA SCHEISSE? IST DIE MIT PFERDEÄPFELN, HUNDEKOT ODER GEWÖHNLICHEM KLÄRSCHLAMM?

Heute:
1 Glas Wasser 10 €
ANGEBOT DES TAGES: HÜHNCHEN DIABOLO, SEHR SCHARF, NUR 4,50 EURO!
DAS NEHMEN WIR!

ICH HÄTTE GERNE WAS DER HERR DA AM NEBENTISCH HAT ...
TUT MIR LEID – ER WILLS NICHT HERGEBEN ...

SUSHI-BAR
DEN REIS MUSS MAN JA WOHL NICHT MITESSEN, ODER?

MIR PERSÖNLICH GEFÄLLT „SINTI- UND ROMA-SCHNITZEL" AUCH NICHT, ABER SIE WISSEN JA, WIE MAN IN DIESEN TAGEN DRAUF IST ...
MENU

WOLLEN WIR WAS ESSEN GEHEN?
DAS IST MIR ZU VOLL!

ZWEI CHIANTI, EINMAL SPAGHETTI, EINE PIZZA, WER KRIEGT DIE SPAGHETTI?
ICH! ICH!
ICH! ICH!

WIR HABEN FÜR IHRE BEGLEITUNG IM ERSTEN STOCK RESERVIERT!
DANKE, SEHR AUFMERKSAM!

WER BEKOMMT DEN ESPRESSO?

NUMMER 36
IST AUS – DAFÜR HAT IHNEN DER
KOCH NUMMER 7 UND NUMMER 29
ZUSAMMENGEMISCHT ...